REGISTRE des MOUVEMENTS de TITRES

Conforme aux obligations légales des SA et SAS

Raison Sociale : ....

Établissement : ....

N° Siren : ....

Date d'ouverture du registre : ....

Date de clôture du registre : ....

DATE	NUMÉRO d'ORDRE	TITULAIRE		TITRES	
		Nom ou Dénomination Sociale du TITULAIRE	Numéro de COMPTE	Nombre de TITRES	Nature du MOUVEMENT (préciser date de l'AG)

BÉNÉFICIAIRE		CONTRÔLE du CAPITAL			
Nom ou Dénomination Sociale du BÉNÉFICIAIRE	Numéro de COMPTE	Nombre de TITRES			Comptes INDIVIDUELS
		Inscrits	Radiés	Nouveau Solde	Émargement
					Date : ..../.........../........... Signature :
					Date : ..../.........../........... Signature :
					Date : ..../.........../........... Signature :
					Date : ..../.........../........... Signature :
					Date : ..../.........../........... Signature :
					Date : ..../.........../........... Signature :

DATE	NUMÉRO d'ORDRE	TITULAIRE		TITRES	
		Nom ou Dénomination Sociale du TITULAIRE	Numéro de COMPTE	Nombre de TITRES	Nature du MOUVEMENT (préciser date de l'AG)

BÉNÉFICIAIRE		CONTRÔLE du CAPITAL			
Nom ou Dénomination Sociale du BÉNÉFICIAIRE	Numéro de COMPTE	Nombre de TITRES			Comptes INDIVIDUELS
		Inscrits	Radiés	Nouveau Solde	Émargement
					Date : ..../............/............ Signature :
					Date : ..../............/............ Signature :
					Date : ..../............/............ Signature :
					Date : ..../............/............ Signature :
					Date : ..../............/............ Signature :
					Date : ..../............/............ Signature :

DATE	NUMÉRO d'ORDRE	TITULAIRE		TITRES	
		Nom ou Dénomination Sociale du TITULAIRE	Numéro de COMPTE	Nombre de TITRES	Nature du MOUVEMENT (préciser date de l'AG)

BÉNÉFICIAIRE		CONTRÔLE du CAPITAL			
		Nombre de TITRES			Comptes INDIVIDUELS
Nom ou Dénomination Sociale du BÉNÉFICIAIRE	Numéro de COMPTE	Inscrits	Radiés	Nouveau Solde	Émargement
					Date : ..../........../.......... Signature :
					Date : ..../........../.......... Signature :
					Date : ..../........../.......... Signature :
					Date : ..../........../.......... Signature :
					Date : ..../........../.......... Signature :
					Date : ..../........../.......... Signature :

DATE	NUMÉRO d'ORDRE	TITULAIRE		TITRES	
		Nom ou Dénomination Sociale du TITULAIRE	Numéro de COMPTE	Nombre de TITRES	Nature du MOUVEMENT (préciser date de l'AG)

8

BÉNÉFICIAIRE		CONTRÔLE du CAPITAL			
Nom ou Dénomination Sociale du BÉNÉFICIAIRE	Numéro de COMPTE	Nombre de TITRES			Comptes INDIVIDUELS
		Inscrits	Radiés	Nouveau Solde	Émargement
					Date : ..../............./............ Signature :
					Date : ..../............./............ Signature :
					Date : ..../............./............ Signature :
					Date : ..../............./............ Signature :
					Date : ..../............./............ Signature :
					Date : ..../............./............ Signature :

DATE	NUMÉRO d'ORDRE	TITULAIRE		TITRES	
		Nom ou Dénomination Sociale du TITULAIRE	Numéro de COMPTE	Nombre de TITRES	Nature du MOUVEMENT (préciser date de l'AG)

BÉNÉFICIAIRE		CONTRÔLE du CAPITAL			
Nom ou Dénomination Sociale du BÉNÉFICIAIRE	Numéro de COMPTE	Nombre de TITRES			Comptes INDIVIDUELS
		Inscrits	Radiés	Nouveau Solde	Émargement
					Date : ..../............/............ Signature :
					Date : ..../............/............ Signature :
					Date : ..../............/............ Signature :
					Date : ..../............/............ Signature :
					Date : ..../............/............ Signature :
					Date : ..../............/............ Signature :

DATE	NUMÉRO d'ORDRE	TITULAIRE		TITRES	
		Nom ou Dénomination Sociale du TITULAIRE	Numéro de COMPTE	Nombre de TITRES	Nature du MOUVEMENT (préciser date de l'AG)

BÉNÉFICIAIRE		CONTRÔLE du CAPITAL			
Nom ou Dénomination Sociale du BÉNÉFICIAIRE	Numéro de COMPTE	Nombre de TITRES			Comptes INDIVIDUELS
		Inscrits	Radiés	Nouveau Solde	Émargement
					Date : ..../............/............ Signature :
					Date : ..../............/............ Signature :
					Date : ..../............/............ Signature :
					Date : ..../............/............ Signature :
					Date : ..../............/............ Signature :
					Date : ..../............/............ Signature :

DATE	NUMÉRO d'ORDRE	TITULAIRE		TITRES	
		Nom ou Dénomination Sociale du TITULAIRE	Numéro de COMPTE	Nombre de TITRES	Nature du MOUVEMENT (préciser date de l'AG)

BÉNÉFICIAIRE		CONTRÔLE du CAPITAL			
Nom ou Dénomination Sociale du BÉNÉFICIAIRE	Numéro de COMPTE	Nombre de TITRES			Comptes INDIVIDUELS
		Inscrits	Radiés	Nouveau Solde	Émargement
					Date : ..../........../.......... Signature :
					Date : ..../........../.......... Signature :
					Date : ..../........../.......... Signature :
					Date : ..../........../.......... Signature :
					Date : ..../........../.......... Signature :
					Date : ..../........../.......... Signature :

DATE	NUMÉRO d'ORDRE	TITULAIRE		TITRES	
		Nom ou Dénomination Sociale du TITULAIRE	Numéro de COMPTE	Nombre de TITRES	Nature du MOUVEMENT (préciser date de l'AG)

BÉNÉFICIAIRE		CONTRÔLE du CAPITAL			
Nom ou Dénomination Sociale du BÉNÉFICIAIRE	Numéro de COMPTE	Nombre de TITRES			Comptes INDIVIDUELS
		Inscrits	Radiés	Nouveau Solde	Émargement
					Date : ..../........../.......... Signature :
					Date : ..../........../.......... Signature :
					Date : ..../........../.......... Signature :
					Date : ..../........../.......... Signature :
					Date : ..../........../.......... Signature :
					Date : ..../........../.......... Signature :

DATE	NUMÉRO d'ORDRE	TITULAIRE		TITRES	
		Nom ou Dénomination Sociale du TITULAIRE	Numéro de COMPTE	Nombre de TITRES	Nature du MOUVEMENT (préciser date de l'AG)

BÉNÉFICIAIRE		CONTRÔLE du CAPITAL			
Nom ou Dénomination Sociale du BÉNÉFICIAIRE	Numéro de COMPTE	Nombre de TITRES			Comptes INDIVIDUELS
		Inscrits	Radiés	Nouveau Solde	Émargement
					Date : ..../........../.......... Signature :
					Date : ..../........../.......... Signature :
					Date : ..../........../.......... Signature :
					Date : ..../........../.......... Signature :
					Date : ..../........../.......... Signature :
					Date : ..../........../.......... Signature :

DATE	NUMÉRO d'ORDRE	TITULAIRE		TITRES	
		Nom ou Dénomination Sociale du TITULAIRE	Numéro de COMPTE	Nombre de TITRES	Nature du MOUVEMENT (préciser date de l'AG)

BÉNÉFICIAIRE		CONTRÔLE du CAPITAL			
		Nombre de TITRES			Comptes INDIVIDUELS
Nom ou Dénomination Sociale du BÉNÉFICIAIRE	Numéro de COMPTE	Inscrits	Radiés	Nouveau Solde	Émargement
					Date : ..../........../........... Signature :
					Date : ..../........../........... Signature :
					Date : ..../........../........... Signature :
					Date : ..../........../........... Signature :
					Date : ..../........../........... Signature :
					Date : ..../........../........... Signature :

DATE	NUMÉRO d'ORDRE	TITULAIRE		TITRES	
		Nom ou Dénomination Sociale du TITULAIRE	Numéro de COMPTE	Nombre de TITRES	Nature du MOUVEMENT (préciser date de l'AG)

BÉNÉFICIAIRE		CONTRÔLE du CAPITAL			
Nom ou Dénomination Sociale du BÉNÉFICIAIRE	Numéro de COMPTE	Nombre de TITRES			Comptes INDIVIDUELS
		Inscrits	Radiés	Nouveau Solde	Émargement
					Date : ..../........../.......... Signature :
					Date : ..../........../.......... Signature :
					Date : ..../........../.......... Signature :
					Date : ..../........../.......... Signature :
					Date : ..../........../.......... Signature :
					Date : ..../........../.......... Signature :

DATE	NUMÉRO d'ORDRE	TITULAIRE		TITRES	
		Nom ou Dénomination Sociale du TITULAIRE	Numéro de COMPTE	Nombre de TITRES	Nature du MOUVEMENT (préciser date de l'AG)

BÉNÉFICIAIRE		CONTRÔLE du CAPITAL			
		Nombre de TITRES			Comptes INDIVIDUELS
Nom ou Dénomination Sociale du BÉNÉFICIAIRE	Numéro de COMPTE	Inscrits	Radiés	Nouveau Solde	Émargement
					Date : ..../............/........... Signature :
					Date : ..../............/........... Signature :
					Date : ..../............/........... Signature :
					Date : ..../............/........... Signature :
					Date : ..../............/........... Signature :
					Date : ..../............/........... Signature :

DATE	NUMÉRO d'ORDRE	TITULAIRE		TITRES	
		Nom ou Dénomination Sociale du TITULAIRE	Numéro de COMPTE	Nombre de TITRES	Nature du MOUVEMENT (préciser date de l'AG)

BÉNÉFICIAIRE		CONTRÔLE du CAPITAL			
Nom ou Dénomination Sociale du BÉNÉFICIAIRE	Numéro de COMPTE	Nombre de TITRES			Comptes INDIVIDUELS
		Inscrits	Radiés	Nouveau Solde	Émargement
					Date : ..../........../.......... Signature :
					Date : ..../........../.......... Signature :
					Date : ..../........../.......... Signature :
					Date : ..../........../.......... Signature :
					Date : ..../........../.......... Signature :
					Date : ..../........../.......... Signature :

DATE	NUMÉRO d'ORDRE	TITULAIRE		TITRES	
		Nom ou Dénomination Sociale du TITULAIRE	Numéro de COMPTE	Nombre de TITRES	Nature du MOUVEMENT (préciser date de l'AG)

BÉNÉFICIAIRE		CONTRÔLE du CAPITAL			
Nom ou Dénomination Sociale du BÉNÉFICIAIRE	Numéro de COMPTE	Nombre de TITRES			Comptes INDIVIDUELS
		Inscrits	Radiés	Nouveau Solde	Émargement
					Date : …………/…………/………… Signature :
					Date : …………/…………/………… Signature :
					Date : …………/…………/………… Signature :
					Date : …………/…………/………… Signature :
					Date : …………/…………/………… Signature :
					Date : …………/…………/………… Signature :

DATE	NUMÉRO d'ORDRE	TITULAIRE		TITRES	
		Nom ou Dénomination Sociale du TITULAIRE	Numéro de COMPTE	Nombre de TITRES	Nature du MOUVEMENT (préciser date de l'AG)

BÉNÉFICIAIRE		CONTRÔLE du CAPITAL			
		Nombre de TITRES			Comptes INDIVIDUELS
Nom ou Dénomination Sociale du BÉNÉFICIAIRE	Numéro de COMPTE	Inscrits	Radiés	Nouveau Solde	Émargement
					Date : ..../............/............ Signature :
					Date : ..../............/............ Signature :
					Date : ..../............/............ Signature :
					Date : ..../............/............ Signature :
					Date : ..../............/............ Signature :
					Date : ..../............/............ Signature :

DATE	NUMÉRO d'ORDRE	TITULAIRE		TITRES	
		Nom ou Dénomination Sociale du TITULAIRE	Numéro de COMPTE	Nombre de TITRES	Nature du MOUVEMENT (préciser date de l'AG)

BÉNÉFICIAIRE		CONTRÔLE du CAPITAL			
Nom ou Dénomination Sociale du BÉNÉFICIAIRE	Numéro de COMPTE	Nombre de TITRES			Comptes INDIVIDUELS
		Inscrits	Radiés	Nouveau Solde	Émargement
					Date : ..../........../........... Signature :
					Date : ..../........../........... Signature :
					Date : ..../........../........... Signature :
					Date : ..../........../........... Signature :
					Date : ..../........../........... Signature :
					Date : ..../........../........... Signature :

| DATE | NUMÉRO d'ORDRE | TITULAIRE | | TITRES | |
		Nom ou Dénomination Sociale du TITULAIRE	Numéro de COMPTE	Nombre de TITRES	Nature du MOUVEMENT (préciser date de l'AG)

BÉNÉFICIAIRE		CONTRÔLE du CAPITAL			
Nom ou Dénomination Sociale du BÉNÉFICIAIRE	Numéro de COMPTE	Nombre de TITRES			Comptes INDIVIDUELS
		Inscrits	Radiés	Nouveau Solde	Émargement
					Date : ..../........../.......... Signature :
					Date : ..../........../.......... Signature :
					Date : ..../........../.......... Signature :
					Date : ..../........../.......... Signature :
					Date : ..../........../.......... Signature :
					Date : ..../........../.......... Signature :

DATE	NUMÉRO d'ORDRE	TITULAIRE		TITRES	
		Nom ou Dénomination Sociale du TITULAIRE	Numéro de COMPTE	Nombre de TITRES	Nature du MOUVEMENT (préciser date de l'AG)

BÉNÉFICIAIRE		CONTRÔLE du CAPITAL			
Nom ou Dénomination Sociale du BÉNÉFICIAIRE	Numéro de COMPTE	Nombre de TITRES			Comptes INDIVIDUELS
		Inscrits	Radiés	Nouveau Solde	Émargement
					Date : ..../........../.......... Signature :
					Date : ..../........../.......... Signature :
					Date : ..../........../.......... Signature :
					Date : ..../........../.......... Signature :
					Date : ..../........../.......... Signature :
					Date : ..../........../.......... Signature :

DATE	NUMÉRO d'ORDRE	TITULAIRE		TITRES	
		Nom ou Dénomination Sociale du TITULAIRE	Numéro de COMPTE	Nombre de TITRES	Nature du MOUVEMENT (préciser date de l'AG)

BÉNÉFICIAIRE		CONTRÔLE du CAPITAL			
Nom ou Dénomination Sociale du BÉNÉFICIAIRE	Numéro de COMPTE	Nombre de TITRES			Comptes INDIVIDUELS
		Inscrits	Radiés	Nouveau Solde	Émargement
					Date : ..../............/............ Signature :
					Date : ..../............/............ Signature :
					Date : ..../............/............ Signature :
					Date : ..../............/............ Signature :
					Date : ..../............/............ Signature :
					Date : ..../............/............ Signature :

DATE	NUMÉRO d'ORDRE	TITULAIRE		TITRES	
		Nom ou Dénomination Sociale du TITULAIRE	Numéro de COMPTE	Nombre de TITRES	Nature du MOUVEMENT (préciser date de l'AG)

BÉNÉFICIAIRE		CONTRÔLE du CAPITAL			
Nom ou Dénomination Sociale du BÉNÉFICIAIRE	Numéro de COMPTE	Nombre de TITRES			Comptes INDIVIDUELS
		Inscrits	Radiés	Nouveau Solde	Émargement
					Date : ..../............/............ Signature :
					Date : ..../............/............ Signature :
					Date : ..../............/............ Signature :
					Date : ..../............/............ Signature :
					Date : ..../............/............ Signature :
					Date : ..../............/............ Signature :

DATE	NUMÉRO d'ORDRE	TITULAIRE		TITRES	
		Nom ou Dénomination Sociale du TITULAIRE	Numéro de COMPTE	Nombre de TITRES	Nature du MOUVEMENT (préciser date de l'AG)

BÉNÉFICIAIRE		CONTRÔLE du CAPITAL			
Nom ou Dénomination Sociale du BÉNÉFICIAIRE	Numéro de COMPTE	Nombre de TITRES			Comptes INDIVIDUELS
		Inscrits	Radiés	Nouveau Solde	Émargement
					Date : ..../........../........... Signature :
					Date : ..../........../........... Signature :
					Date : ..../........../........... Signature :
					Date : ..../........../........... Signature :
					Date : ..../........../........... Signature :
					Date : ..../........../........... Signature :

DATE	NUMÉRO d'ORDRE	TITULAIRE		TITRES	
		Nom ou Dénomination Sociale du TITULAIRE	Numéro de COMPTE	Nombre de TITRES	Nature du MOUVEMENT (préciser date de l'AG)

BÉNÉFICIAIRE		CONTRÔLE du CAPITAL			
Nom ou Dénomination Sociale du BÉNÉFICIAIRE	Numéro de COMPTE	Nombre de TITRES			Comptes INDIVIDUELS
		Inscrits	Radiés	Nouveau Solde	Émargement
					Date : ..../............/............ Signature :
					Date : ..../............/............ Signature :
					Date : ..../............/............ Signature :
					Date : ..../............/............ Signature :
					Date : ..../............/............ Signature :
					Date : ..../............/............ Signature :

DATE	NUMÉRO d'ORDRE	TITULAIRE		TITRES	
		Nom ou Dénomination Sociale du TITULAIRE	Numéro de COMPTE	Nombre de TITRES	Nature du MOUVEMENT (préciser date de l'AG)

BÉNÉFICIAIRE		CONTRÔLE du CAPITAL			
		Nombre de TITRES			Comptes INDIVIDUELS
Nom ou Dénomination Sociale du BÉNÉFICIAIRE	Numéro de COMPTE	Inscrits	Radiés	Nouveau Solde	Émargement
					Date : ..../............/............ Signature :
					Date : ..../............/............ Signature :
					Date : ..../............/............ Signature :
					Date : ..../............/............ Signature :
					Date : ..../............/............ Signature :
					Date : ..../............/............ Signature :

DATE	NUMÉRO d'ORDRE	TITULAIRE		TITRES	
		Nom ou Dénomination Sociale du TITULAIRE	Numéro de COMPTE	Nombre de TITRES	Nature du MOUVEMENT (préciser date de l'AG)

48

BÉNÉFICIAIRE		CONTRÔLE du CAPITAL			
Nom ou Dénomination Sociale du BÉNÉFICIAIRE	Numéro de COMPTE	Nombre de TITRES			Comptes INDIVIDUELS
		Inscrits	Radiés	Nouveau Solde	Émargement
					Date : ..../............/............ Signature :
					Date : ..../............/............ Signature :
					Date : ..../............/............ Signature :
					Date : ..../............/............ Signature :
					Date : ..../............/............ Signature :
					Date : ..../............/............ Signature :

DATE	NUMÉRO d'ORDRE	TITULAIRE		TITRES	
		Nom ou Dénomination Sociale du TITULAIRE	Numéro de COMPTE	Nombre de TITRES	Nature du MOUVEMENT (préciser date de l'AG)

BÉNÉFICIAIRE		CONTRÔLE du CAPITAL			
Nom ou Dénomination Sociale du BÉNÉFICIAIRE	Numéro de COMPTE	Nombre de TITRES			Comptes INDIVIDUELS
		Inscrits	Radiés	Nouveau Solde	Émargement
					Date : ..../........../.......... Signature :
					Date : ..../........../.......... Signature :
					Date : ..../........../.......... Signature :
					Date : ..../........../.......... Signature :
					Date : ..../........../.......... Signature :
					Date : ..../........../.......... Signature :

DATE	NUMÉRO d'ORDRE	TITULAIRE		TITRES	
		Nom ou Dénomination Sociale du TITULAIRE	Numéro de COMPTE	Nombre de TITRES	Nature du MOUVEMENT (préciser date de l'AG)

BÉNÉFICIAIRE		CONTRÔLE du CAPITAL			
		Nombre de TITRES			Comptes INDIVIDUELS
Nom ou Dénomination Sociale du BÉNÉFICIAIRE	Numéro de COMPTE	Inscrits	Radiés	Nouveau Solde	Émargement
					Date : ..../............/............ Signature :
					Date : ..../............/............ Signature :
					Date : ..../............/............ Signature :
					Date : ..../............/............ Signature :
					Date : ..../............/............ Signature :
					Date : ..../............/............ Signature :

DATE	NUMÉRO d'ORDRE	TITULAIRE		TITRES	
		Nom ou Dénomination Sociale du TITULAIRE	Numéro de COMPTE	Nombre de TITRES	Nature du MOUVEMENT (préciser date de l'AG)

BÉNÉFICIAIRE		CONTRÔLE du CAPITAL			
Nom ou Dénomination Sociale du BÉNÉFICIAIRE	Numéro de COMPTE	Nombre de TITRES			Comptes INDIVIDUELS
		Inscrits	Radiés	Nouveau Solde	Émargement
					Date : ..../............/............ Signature :
					Date : ..../............/............ Signature :
					Date : ..../............/............ Signature :
					Date : ..../............/............ Signature :
					Date : ..../............/............ Signature :
					Date : ..../............/............ Signature :

DATE	NUMÉRO d'ORDRE	TITULAIRE		TITRES	
		Nom ou Dénomination Sociale du TITULAIRE	Numéro de COMPTE	Nombre de TITRES	Nature du MOUVEMENT (préciser date de l'AG)

BÉNÉFICIAIRE		CONTRÔLE du CAPITAL			
Nom ou Dénomination Sociale du BÉNÉFICIAIRE	Numéro de COMPTE	Nombre de TITRES			Comptes INDIVIDUELS
		Inscrits	Radiés	Nouveau Solde	Émargement
					Date : ..../........../.......... Signature :
					Date : ..../........../.......... Signature :
					Date : ..../........../.......... Signature :
					Date : ..../........../.......... Signature :
					Date : ..../........../.......... Signature :
					Date : ..../........../.......... Signature :

DATE	NUMÉRO d'ORDRE	TITULAIRE		TITRES	
		Nom ou Dénomination Sociale du TITULAIRE	Numéro de COMPTE	Nombre de TITRES	Nature du MOUVEMENT (préciser date de l'AG)

BÉNÉFICIAIRE		CONTRÔLE du CAPITAL			
Nom ou Dénomination Sociale du BÉNÉFICIAIRE	Numéro de COMPTE	Nombre de TITRES			Comptes INDIVIDUELS
		Inscrits	Radiés	Nouveau Solde	Émargement
					Date : ..../........../.......... Signature :
					Date : ..../........../.......... Signature :
					Date : ..../........../.......... Signature :
					Date : ..../........../.......... Signature :
					Date : ..../........../.......... Signature :
					Date : ..../........../.......... Signature :

DATE	NUMÉRO d'ORDRE	TITULAIRE		TITRES	
		Nom ou Dénomination Sociale du TITULAIRE	Numéro de COMPTE	Nombre de TITRES	Nature du MOUVEMENT (préciser date de l'AG)

60

BÉNÉFICIAIRE		CONTRÔLE du CAPITAL			
Nom ou Dénomination Sociale du BÉNÉFICIAIRE	Numéro de COMPTE	Nombre de TITRES			Comptes INDIVIDUELS
		Inscrits	Radiés	Nouveau Solde	Émargement
					Date : ..../............/............ Signature :
					Date : ..../............/............ Signature :
					Date : ..../............/............ Signature :
					Date : ..../............/............ Signature :
					Date : ..../............/............ Signature :
					Date : ..../............/............ Signature :

DATE	NUMÉRO d'ORDRE	TITULAIRE		TITRES	
		Nom ou Dénomination Sociale du TITULAIRE	Numéro de COMPTE	Nombre de TITRES	Nature du MOUVEMENT (préciser date de l'AG)

BÉNÉFICIAIRE		CONTRÔLE du CAPITAL			
		Nombre de TITRES			Comptes INDIVIDUELS
Nom ou Dénomination Sociale du BÉNÉFICIAIRE	Numéro de COMPTE	Inscrits	Radiés	Nouveau Solde	Émargement
					Date : ..../............/............ Signature :
					Date : ..../............/............ Signature :
					Date : ..../............/............ Signature :
					Date : ..../............/............ Signature :
					Date : ..../............/............ Signature :
					Date : ..../............/............ Signature :

DATE	NUMÉRO d'ORDRE	TITULAIRE		TITRES	
		Nom ou Dénomination Sociale du TITULAIRE	Numéro de COMPTE	Nombre de TITRES	Nature du MOUVEMENT (préciser date de l'AG)

BÉNÉFICIAIRE		CONTRÔLE du CAPITAL			
Nom ou Dénomination Sociale du BÉNÉFICIAIRE	Numéro de COMPTE	Nombre de TITRES			Comptes INDIVIDUELS
		Inscrits	Radiés	Nouveau Solde	Émargement
					Date : ..../............/............ Signature :
					Date : ..../............/............ Signature :
					Date : ..../............/............ Signature :
					Date : ..../............/............ Signature :
					Date : ..../............/............ Signature :
					Date : ..../............/............ Signature :

DATE	NUMÉRO d'ORDRE	TITULAIRE		TITRES	
		Nom ou Dénomination Sociale du TITULAIRE	Numéro de COMPTE	Nombre de TITRES	Nature du MOUVEMENT (préciser date de l'AG)

BÉNÉFICIAIRE		CONTRÔLE du CAPITAL			
Nom ou Dénomination Sociale du BÉNÉFICIAIRE	Numéro de COMPTE	Nombre de TITRES			Comptes INDIVIDUELS
		Inscrits	Radiés	Nouveau Solde	Émargement
					Date : ..../............/............ Signature :
					Date : ..../............/............ Signature :
					Date : ..../............/............ Signature :
					Date : ..../............/............ Signature :
					Date : ..../............/............ Signature :
					Date : ..../............/............ Signature :

DATE	NUMÉRO d'ORDRE	TITULAIRE		TITRES	
		Nom ou Dénomination Sociale du TITULAIRE	Numéro de COMPTE	Nombre de TITRES	Nature du MOUVEMENT (préciser date de l'AG)

BÉNÉFICIAIRE		CONTRÔLE du CAPITAL			
Nom ou Dénomination Sociale du BÉNÉFICIAIRE	Numéro de COMPTE	Nombre de TITRES			Comptes INDIVIDUELS
		Inscrits	Radiés	Nouveau Solde	Émargement
					Date : ..../............/........... Signature :
					Date : ..../............/........... Signature :
					Date : ..../............/........... Signature :
					Date : ..../............/........... Signature :
					Date : ..../............/........... Signature :
					Date : ..../............/........... Signature :

DATE	NUMÉRO d'ORDRE	TITULAIRE		TITRES	
		Nom ou Dénomination Sociale du TITULAIRE	Numéro de COMPTE	Nombre de TITRES	Nature du MOUVEMENT (préciser date de l'AG)

BÉNÉFICIAIRE		CONTRÔLE du CAPITAL			
Nom ou Dénomination Sociale du BÉNÉFICIAIRE	Numéro de COMPTE	Nombre de TITRES			Comptes INDIVIDUELS
		Inscrits	Radiés	Nouveau Solde	Émargement
					Date : ..../............/............ Signature :
					Date : ..../............/............ Signature :
					Date : ..../............/............ Signature :
					Date : ..../............/............ Signature :
					Date : ..../............/............ Signature :
					Date : ..../............/............ Signature :

DATE	NUMÉRO d'ORDRE	TITULAIRE		TITRES	
		Nom ou Dénomination Sociale du TITULAIRE	Numéro de COMPTE	Nombre de TITRES	Nature du MOUVEMENT (préciser date de l'AG)

BÉNÉFICIAIRE		CONTRÔLE du CAPITAL			
Nom ou Dénomination Sociale du BÉNÉFICIAIRE	Numéro de COMPTE	Nombre de TITRES			Comptes INDIVIDUELS
		Inscrits	Radiés	Nouveau Solde	Émargement
					Date : ..../........../.......... Signature :
					Date : ..../........../.......... Signature :
					Date : ..../........../.......... Signature :
					Date : ..../........../.......... Signature :
					Date : ..../........../.......... Signature :
					Date : ..../........../.......... Signature :

DATE	NUMÉRO d'ORDRE	TITULAIRE		TITRES	
		Nom ou Dénomination Sociale du TITULAIRE	Numéro de COMPTE	Nombre de TITRES	Nature du MOUVEMENT (préciser date de l'AG)

BÉNÉFICIAIRE		CONTRÔLE du CAPITAL			
Nom ou Dénomination Sociale du BÉNÉFICIAIRE	Numéro de COMPTE	Nombre de TITRES			Comptes INDIVIDUELS
		Inscrits	Radiés	Nouveau Solde	Émargement
					Date : ..../........../.......... Signature :
					Date : ..../........../.......... Signature :
					Date : ..../........../.......... Signature :
					Date : ..../........../.......... Signature :
					Date : ..../........../.......... Signature :
					Date : ..../........../.......... Signature :

DATE	NUMÉRO d'ORDRE	TITULAIRE		TITRES	
		Nom ou Dénomination Sociale du TITULAIRE	Numéro de COMPTE	Nombre de TITRES	Nature du MOUVEMENT (préciser date de l'AG)

BÉNÉFICIAIRE		CONTRÔLE du CAPITAL			
Nom ou Dénomination Sociale du BÉNÉFICIAIRE	Numéro de COMPTE	Nombre de TITRES			Comptes INDIVIDUELS
		Inscrits	Radiés	Nouveau Solde	Émargement
					Date : ..../............/............ Signature :
					Date : ..../............/............ Signature :
					Date : ..../............/............ Signature :
					Date : ..../............/............ Signature :
					Date : ..../............/............ Signature :
					Date : ..../............/............ Signature :

DATE	NUMÉRO d'ORDRE	TITULAIRE		TITRES	
		Nom ou Dénomination Sociale du TITULAIRE	Numéro de COMPTE	Nombre de TITRES	Nature du MOUVEMENT (préciser date de l'AG)

BÉNÉFICIAIRE		CONTRÔLE du CAPITAL			
		Nombre de TITRES			Comptes INDIVIDUELS
Nom ou Dénomination Sociale du BÉNÉFICIAIRE	Numéro de COMPTE	Inscrits	Radiés	Nouveau Solde	Émargement
					Date : ..../........../.......... Signature :
					Date : ..../........../.......... Signature :
					Date : ..../........../.......... Signature :
					Date : ..../........../.......... Signature :
					Date : ..../........../.......... Signature :
					Date : ..../........../.......... Signature :

DATE	NUMÉRO d'ORDRE	TITULAIRE		TITRES	
		Nom ou Dénomination Sociale du TITULAIRE	Numéro de COMPTE	Nombre de TITRES	Nature du MOUVEMENT (préciser date de l'AG)

BÉNÉFICIAIRE		CONTRÔLE du CAPITAL			
Nom ou Dénomination Sociale du BÉNÉFICIAIRE	Numéro de COMPTE	Nombre de TITRES			Comptes INDIVIDUELS
		Inscrits	Radiés	Nouveau Solde	Émargement
					Date : ..../............/............ Signature :
					Date : ..../............/............ Signature :
					Date : ..../............/............ Signature :
					Date : ..../............/............ Signature :
					Date : ..../............/............ Signature :
					Date : ..../............/............ Signature :

BÉNÉFICIAIRE   CONTRÔLE du CAPITAL

DATE	NUMÉRO d'ORDRE	TITULAIRE		TITRES	
		Nom ou Dénomination Sociale du TITULAIRE	Numéro de COMPTE	Nombre de TITRES	Nature du MOUVEMENT (préciser date de l'AG)

BÉNÉFICIAIRE		CONTRÔLE du CAPITAL			
Nom ou Dénomination Sociale du BÉNÉFICIAIRE	Numéro de COMPTE	Nombre de TITRES			Comptes INDIVIDUELS
		Inscrits	Radiés	Nouveau Solde	Émargement
					Date : ..../........../.......... Signature :
					Date : ..../........../.......... Signature :
					Date : ..../........../.......... Signature :
					Date : ..../........../.......... Signature :
					Date : ..../........../.......... Signature :
					Date : ..../........../.......... Signature :

DATE	NUMÉRO d'ORDRE	TITULAIRE		TITRES	
		Nom ou Dénomination Sociale du TITULAIRE	Numéro de COMPTE	Nombre de TITRES	Nature du MOUVEMENT (préciser date de l'AG)

TITULAIRE

TITRES

BÉNÉFICIAIRE		CONTRÔLE du CAPITAL			
Nom ou Dénomination Sociale du BÉNÉFICIAIRE	Numéro de COMPTE	Nombre de TITRES			Comptes INDIVIDUELS
		Inscrits	Radiés	Nouveau Solde	Émargement
					Date : ..../............/............ Signature :
					Date : ..../............/............ Signature :
					Date : ..../............/............ Signature :
					Date : ..../............/............ Signature :
					Date : ..../............/............ Signature :
					Date : ..../............/............ Signature :

DATE	NUMÉRO d'ORDRE	TITULAIRE		TITRES	
		Nom ou Dénomination Sociale du TITULAIRE	Numéro de COMPTE	Nombre de TITRES	Nature du MOUVEMENT (préciser date de l'AG)

BÉNÉFICIAIRE		CONTRÔLE du CAPITAL			
Nom ou Dénomination Sociale du BÉNÉFICIAIRE	Numéro de COMPTE	Nombre de TITRES			Comptes INDIVIDUELS
		Inscrits	Radiés	Nouveau Solde	Émargement
					Date : ..../............/............ Signature :
					Date : ..../............/............ Signature :
					Date : ..../............/............ Signature :
					Date : ..../............/............ Signature :
					Date : ..../............/............ Signature :
					Date : ..../............/............ Signature :

DATE	NUMÉRO d'ORDRE	TITULAIRE		TITRES	
		Nom ou Dénomination Sociale du TITULAIRE	Numéro de COMPTE	Nombre de TITRES	Nature du MOUVEMENT (préciser date de l'AG)

BÉNÉFICIAIRE		CONTRÔLE du CAPITAL			
Nom ou Dénomination Sociale du BÉNÉFICIAIRE	Numéro de COMPTE	Nombre de TITRES			Comptes INDIVIDUELS
		Inscrits	Radiés	Nouveau Solde	Émargement
					Date : ..../.........../........... Signature :
					Date : ..../.........../........... Signature :
					Date : ..../.........../........... Signature :
					Date : ..../.........../........... Signature :
					Date : ..../.........../........... Signature :
					Date : ..../.........../........... Signature :

DATE	NUMÉRO d'ORDRE	TITULAIRE		TITRES	
		Nom ou Dénomination Sociale du TITULAIRE	Numéro de COMPTE	Nombre de TITRES	Nature du MOUVEMENT (préciser date de l'AG)

BÉNÉFICIAIRE		CONTRÔLE du CAPITAL			
Nom ou Dénomination Sociale du BÉNÉFICIAIRE	Numéro de COMPTE	Nombre de TITRES			Comptes INDIVIDUELS
		Inscrits	Radiés	Nouveau Solde	Émargement
					Date : ..../............/............ Signature :
					Date : ..../............/............ Signature :
					Date : ..../............/............ Signature :
					Date : ..../............/............ Signature :
					Date : ..../............/............ Signature :
					Date : ..../............/............ Signature :

DATE	NUMÉRO d'ORDRE	TITULAIRE		TITRES	
		Nom ou Dénomination Sociale du TITULAIRE	Numéro de COMPTE	Nombre de TITRES	Nature du MOUVEMENT (préciser date de l'AG)

BÉNÉFICIAIRE		CONTRÔLE du CAPITAL			
Nom ou Dénomination Sociale du BÉNÉFICIAIRE	Numéro de COMPTE	Nombre de TITRES			Comptes INDIVIDUELS
		Inscrits	Radiés	Nouveau Solde	Émargement
					Date : ..../............/............ Signature :
					Date : ..../............/............ Signature :
					Date : ..../............/............ Signature :
					Date : ..../............/............ Signature :
					Date : ..../............/............ Signature :
					Date : ..../............/............ Signature :

DATE	NUMÉRO d'ORDRE	TITULAIRE		TITRES	
		Nom ou Dénomination Sociale du TITULAIRE	Numéro de COMPTE	Nombre de TITRES	Nature du MOUVEMENT (préciser date de l'AG)

BÉNÉFICIAIRE		CONTRÔLE du CAPITAL			
Nom ou Dénomination Sociale du BÉNÉFICIAIRE	Numéro de COMPTE	Nombre de TITRES			Comptes INDIVIDUELS
		Inscrits	Radiés	Nouveau Solde	Émargement
					Date : ..../........../.......... Signature :
					Date : ..../........../.......... Signature :
					Date : ..../........../.......... Signature :
					Date : ..../........../.......... Signature :
					Date : ..../........../.......... Signature :
					Date : ..../........../.......... Signature :

DATE	NUMÉRO d'ORDRE	TITULAIRE		TITRES	
		Nom ou Dénomination Sociale du TITULAIRE	Numéro de COMPTE	Nombre de TITRES	Nature du MOUVEMENT (préciser date de l'AG)

BÉNÉFICIAIRE		CONTRÔLE du CAPITAL			
		Nombre de TITRES			Comptes INDIVIDUELS
Nom ou Dénomination Sociale du BÉNÉFICIAIRE	Numéro de COMPTE	Inscrits	Radiés	Nouveau Solde	Émargement
					Date : ..../............/............ Signature :
					Date : ..../............/............ Signature :
					Date : ..../............/............ Signature :
					Date : ..../............/............ Signature :
					Date : ..../............/............ Signature :
					Date : ..../............/............ Signature :

DATE	NUMÉRO d'ORDRE	TITULAIRE		TITRES	
		Nom ou Dénomination Sociale du TITULAIRE	Numéro de COMPTE	Nombre de TITRES	Nature du MOUVEMENT (préciser date de l'AG)

BÉNÉFICIAIRE		CONTRÔLE du CAPITAL			
Nom ou Dénomination Sociale du BÉNÉFICIAIRE	Numéro de COMPTE	Nombre de TITRES			Comptes INDIVIDUELS
		Inscrits	Radiés	Nouveau Solde	Émargement
					Date : ..../........../.......... Signature :
					Date : ..../........../.......... Signature :
					Date : ..../........../.......... Signature :
					Date : ..../........../.......... Signature :
					Date : ..../........../.......... Signature :
					Date : ..../........../.......... Signature :

DATE	NUMÉRO d'ORDRE	TITULAIRE		TITRES	
		Nom ou Dénomination Sociale du TITULAIRE	Numéro de COMPTE	Nombre de TITRES	Nature du MOUVEMENT (préciser date de l'AG)

BÉNÉFICIAIRE		CONTRÔLE du CAPITAL			
Nom ou Dénomination Sociale du BÉNÉFICIAIRE	Numéro de COMPTE	Nombre de TITRES			Comptes INDIVIDUELS
		Inscrits	Radiés	Nouveau Solde	Émargement
					Date : ..../............/........... Signature :
					Date : ..../............/........... Signature :
					Date : ..../............/........... Signature :
					Date : ..../............/........... Signature :
					Date : ..../............/........... Signature :
					Date : ..../............/........... Signature :